EL ESQUEMA PIRAMIDAL DE PONZI

Los trucos para esquivar las estafas financieras

Por Ariane de Saeger
Traducido por Marta Sánchez Hidalgo

Economía y empresa

LAS CLAVES PARA EL ÉXITO

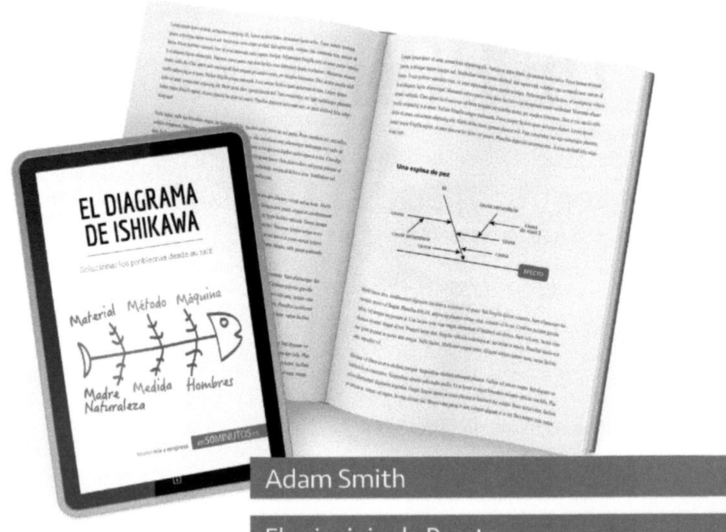

Adam Smith

El principio de Pareto

El estrés laboral

La pirámide de Maslow

www.en50minutos.es

EL ESQUEMA PIRAMIDAL DE PONZI

- **¿Denominaciones?** Esquema piramidal de Ponzi, esquema de Ponzi, sistema Ponzi, cadena de Ponzi, juego de Ponzi.
- **¿Utilidad?** El esquema piramidal de Ponzi es un montaje financiero fraudulento que implica la remuneración a los inversores mediante fondos provistos gracias a los nuevos entrantes.
- **¿Por qué es eficaz?** El rendimiento está asegurado con la condición de que las nuevas inversiones alimenten la pirámide. Su viabilidad se cuestiona cuando los fondos entrantes no consiguen remunerar a los primeros inversores.
- **¿Palabras clave?**
  - Devaluación monetaria: pérdida de valor de una moneda con relación a las otras. Por ejemplo, si hoy se necesita un euro para comprar un dólar (1€ = 1$) y mañana el Banco Central norteamericano decide devaluar su moneda, el dólar costará menos que el euro. Siguiendo esta lógica, por el mismo euro se recibirá una cantidad mayor que un dólar (1€ = 1,20$). Las devaluaciones monetarias provocan en general una disminución de las importaciones (el país cuya moneda se ha devaluado comprará menos en el extranjero porque le costará más caro, pero exportará más porque los otros países estarán interesados en comprar sus productos por un precio menor).
  - Divisa: moneda de un país en comparación con otra.
  - Fondo o sociedad de inversión: sociedad que adminis-

tra y posee carteras de activos financieros (acciones, obligaciones, etc.). Los inversores son los individuos que colocan dinero en estas sociedades para obtener una ganancia llamada rendimiento.

- Inflación: del latín *inflatio* («hinchazón»), subida generalizada de los precios.
- Montaje financiero: proceso bajo coacción que asocia técnicas financieras para conseguir un objetivo financiero.
- Unión Postal Universal (UPU): conjunto de las administraciones postales del mundo desde 1878. En 1907, la UPU decide emitir sellos postales universales mediante la creación de cupones respuesta internacionales. Estos cupones se podían mandar a todas partes del mundo y el destinatario que recibía uno tenía derecho a cambiarlo por uno o varios sellos de un valor correspondiente al franqueo de una carta de servicio internacional en cualquier oficina de correos de su país.

El sistema piramidal Ponzi se llama así para recordar la estafa mundialmente conocida de Charles Ponzi (italiano-estadounidense, 1882-1949) en Boston en los años veinte. Después de la Primera Guerra Mundial, las repercusiones financieras del conflicto internacional son graves, lo que facilita mucho el proyecto deshonesto de este ambicioso.

- **Hay muchas devaluaciones monetarias**, y con esto surge la última esperanza para reactivar la economía de los países mediante la exportación. Estas devaluaciones repercuten mucho en las tarifas de los sellos postales, aumentando las diferencias entre las diversas administraciones postales nacionales.

- **La tendencia es a la inflación,** y se generaliza una subida de precios (de los bienes y servicios). Por un lado, los países han sufrido considerables pérdidas humanas y materiales; por el otro, están endeudados. Los gobiernos deben pedir muchos préstamos, y las tasas de interés, y en consecuencia el coste de los préstamos, aumentan. Las empresas que producen deben enfrentarse a la misma realidad: el dinero cuesta más, lo que implica que producir es también más costoso, mientras que el consumo disminuye.

Ponzi se percata de las faltas del sistema de los cupones respuesta internacionales en circulación desde 1907: tienen en adelante un valor distinto según los países debido al aumento de las tarifas postales, consecutivo a la devaluación de la mayoría de las monedas europeas. Por ello, fomenta su estratagema: como el precio de los cupones italianos es inferior al de los cupones estadounidenses, pero éstos se pueden cambiar en el servicio postal estadounidense por sellos norteamericanos, empieza a jugar con el sistema. Compra cupones italianos, los cambia en el correo estadounidense y revende los sellos que consigue cobrando la plusvalía: un medio fácil y rápido de hacer dinero legalmente.

DEFINICIÓN DEL MODELO

El esquema piramidal de Ponzi es una operación de inversión fraudulenta. Esta se basa en la confianza mutua entre dos partes: una sociedad de fondos de inversión y un inversor.

Se conduce a la sociedad a amasar todo el capital que pueda para convencer a los inversores de la rentabilidad de sus fondos. El esquema piramidal de Ponzi basa el rendimiento de un inversor X en tiempo T en el capital generado por un inversor Y en el tiempo T + 1.

TEORÍA Y PRESENTACIÓN DEL CONCEPTO

LOS DEFECTOS DEL SISTEMA MONETARIO: UN CAMPO DE JUEGO PARA CHARLES PONZI

A mediados de los años veinte, se prepara en Boston una estafa monumental. Charles Ponzi propone a decenas de miles de personas inversiones financieras muy ventajosas teniendo en cuenta las ganancias de las inversiones excesivas y completamente surrealistas que les promete. Al descubrir un medio rápido y fácil para ganar dinero con los cupones postales internacionales, en realidad utiliza el dinero de los últimos inversores para financiar artificialmente su farsa. Con base a su reflexión, funda una empresa de inversiones con el nombre *Security Exchange Company* y certifica, con el nombre de ésta, una tasa de rendimiento sobre su inversión del 50 % en solo 45 días y del 100% en 90 días. Al principio el sistema funciona, los clientes están satisfechos y la reputación de su sociedad crece con rapidez. En apenas algunos meses, Charles Ponzi se hace millonario.

En teoría, el principio es sencillo: la gente invierte una suma con la que Charles Ponzi compra cupones italianos que cambia por sellos norteamericanos y que luego revende para conseguir una ganancia, que es la diferencia (plusvalía) que existe entre los dos valores. Normalmente, en este tipo de asuntos, la plusvalía sirve para la remuneración del inversor y de la empresa que se ha arriesgado. En realidad, Ponzi remunera a sus inversores mediante las últimas entradas de capital aportadas por nuevos inversores. Eso le permite cobrar todas sus ganancias.

El esquema piramidal de Ponzi

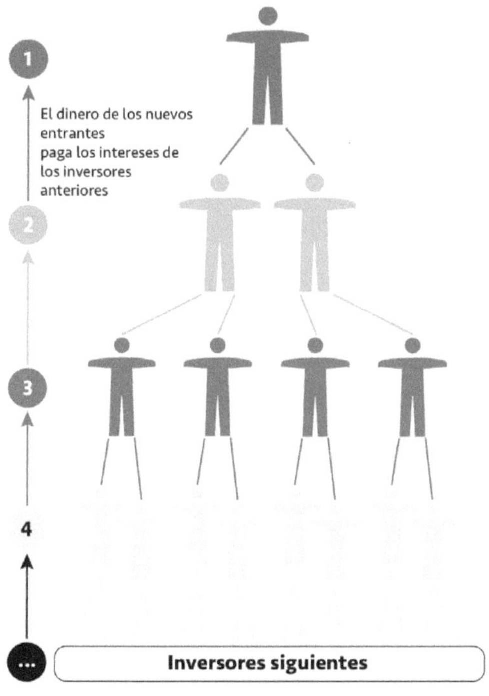

Aunque su farsa funcione, muchos desconfían de su repentino éxito, en particular la prensa, que se apresura en hacer un cálculo sencillo: para poder asumir el rendimiento garantizado, tendrían que existir 160 millones de cupones respuesta internacionales; sin embargo solo hay 27 000 cupones en circulación.

El fraude no tarda en revelarse y arrestan a Charles Ponzi. Descubrimos por otro lado en ese momento que ya había tenido altercados con la justicia por este tipo de fraudes en Canadá. Ponzi termina sus días en Brasil en la pobreza después de haber pasado muchos años en la cárcel.

FUNCIONAMIENTO DE LA OPERACIÓN

Este tipo de farsa fraudulenta se establece progresivamente.

- Se funda en una operación legítima como los fondos especulativos.
- Además, convencemos a «todo el mundo» de que va a conseguir ganancias increíbles.
- La clientela acude para poder beneficiarse de estos rendimientos fabulosos y los capitales confluyen en masa, permitiendo respetar el compromiso inicial, es decir, remunerar un ingreso.
- Se descubre el fraude. Aunque los inversores se apresuran en retirarse de la «pirámide», suele ser demasiado tarde. El sistema se derrumba dejando de lado a los inversores, que pierden todo o una parte de su capital.
- En el caso de que las autoridades no descubran el fraude, llega en general a su propia finalidad: el enriquecimiento de la sociedad de fondos.

COMPONENTES DEL MODELO

Aunque el esquema piramidal de Ponzi sea solamente un ejemplo entre otras farsas a lo largo del siglo XX, parecería no obstante que el sistema instaurado por Charles Ponzi habría seducido a otros hombres de negocios. Pero a pesar de que los que se han inspirado directamente con él han mostrado esquemas similares, los componentes de una farsa financiera como la de Ponzi son numerosos y varían de un caso a otro. Entre las características más conocidas, encontramos:

- **la especulación sobre un activo financiero** por el líder de la acción;
- **la confianza** del inversor en la sociedad de inversión;
- **la falta de información del inversor** en relación con el producto de inversión. Muy a menudo, la sociedad que quiere atraer a un tipo de cliente particular utilizará un lenguaje complicado o hablará de una estrategia desconocida, pero prometedora, para esconder la verdadera naturaleza de la operación;
- **clientes potenciales ingenuos** y poco preocupados por conocer los entresijos de la estrategia del fondo en el que invierten;
- **la poca gestión de los riesgos**;
- **la cadena de préstamos**, que la oferta de rendimiento tentadora generará y en la que el esquema piramidal de Ponzi basa su funcionamiento;
- **el fraude**, que implica informes de auditoría falsificados y una ilegalidad en la obtención de nuevos inversores (publicidad engañosa, información parcialmente trans-

mitida, utilización de falsos inversores para atraer a otros, etc.);

- **un contexto de tasas de interés bajo**, que permite a un buen número de inversores pedir préstamos para poder invertir en los esquemas piramidales de Ponzi para generar beneficio (el tipo de interés de los préstamos es inferior a la tasa de rendimiento).

¿SABÍAS QUE...?

- <u>Especulación</u>: apuesta/anticipación de la evolución positiva del precio de una mercancía para revenderla y sacar beneficio. Se trata de la compra de una mercancía, de un objeto de arte o de un instrumento financiero para una reventa posterior –lo que implica una anticipación de los precios que estarán probablemente en vigor durante la venta– y no en vista de una ventaja que resulta de su empleo, de una transformación o de una transferencia de un mercado a otro. Al hacerlo, el especulador se arriesga puesto que ignora el valor futuro del bien adquirido.
- <u>Informe de auditoría</u>: una auditoría es una verificación y análisis detallado de la actividad de una empresa. Existen distintos tipos de auditoría: auditoría contable, financiera e informática. El auditor es la persona que se encarga de este tipo de estudio y que emite un informe que retome los diferentes elementos de la actividad de la empresa objetivo. Los puntos planteados permiten generalmente evaluar la solvencia de la empresa.

El interés de este proceso procede del hecho de que el juicio emana de un tercero independiente más que de la propia empresa, que puede tener una visión imparcial.

¿CUÁL ES LA VENTAJA DE SEMEJANTE SISTEMA?

Para el precursor del proyecto, el objetivo del esquema piramidal de Ponzi está claro: el enriquecimiento personal de la sociedad de inversión gracias a las comisiones que recibe por los riesgos que toma.

Sin embargo, para el inversor/cliente, el «juego» en el que participa tiene doble filo:

- **el esquema piramidal de Ponzi resulta positivo** cuando causa un enriquecimiento inmediato; es el caso del inversor que decide retirarse de la pirámide después de conseguir su primer rendimiento o de retirarse rápidamente cuando se detecta el fraude;
- **es negativo** cuando la inversión inicial se ha recuperado y los intereses alcanzados se reinvierten y el inversor no se da cuenta de que su participación en la pirámide sirve para remunerar a otro inversor.

En otras palabras, aunque el enriquecimiento inmediato del inversor forma la ventaja principal de este tipo de inversión, también puede ser la causa de la pérdida de la inversión inicial total o parcial de este mismo inversor. A menudo, éste no se da cuenta de que se trata de un esquema piramidal de

Ponzi e ignora el peligro al que se expone.

APLICACIÓN DEL CONCEPTO

CONSEJOS Y BUENAS PRÁCTICAS

¿SABÍAS QUE...?

- <u>Producto o activo financiero</u>: un activo es un título o contrato que da la posibilidad a su poseedor de obtener una ganancia en contrapartida de un riesgo. Por ejemplo, cuando compro una acción, es decir, un activo financiero, espero que con el tiempo haya aumentado su valor y que pueda revenderlo para sacar algún provecho. Pero, atención, si el valor de la acción disminuye, me enfrento a una pérdida en mi compra.
- <u>Cartera</u>: en finanzas, un conjunto de valores mobiliarios (principalmente acciones y obligaciones) que posee una persona, una empresa, un banco, etc.

Invertir de forma sensata y rentabilizar su cartera está al alcance de todos. Nuestras recomendaciones son:

1. **Dese cuenta de que no existe rendimiento sin riesgo**. Es decir, si una sociedad poco conocida o cualquier individuo le dice que puede remunerar su inversión generosamente y con pocos riesgos, desconfíe.
2. **Infórmese**. Como inversor, es primordial saber en qué invierte y quién invierte su dinero. La recopilación de datos es consecuente: ¿cuál es la sociedad de inversión?

¿Cuál es su historia? ¿Su antigüedad en el oficio? ¿Su notoriedad? ¿Cuál es el activo financiero en el que invierte su dinero? ¿Cuáles son los riesgos? ¿Cuál es su estrategia?

3. **Diversifique su cartera**. Se desaconseja invertir todo su dinero en una única empresa o en el mismo activo financiero; reparta más bien sus bienes en diferentes activos o empresas. Eso no eliminará el riesgo, pero le permitirá reducirlo. El tiempo de la elección de la inversión es largo y de nuevo hay que informarse para evitar correr demasiados riesgos. Ejemplos de inversiones: bonos del Tesoro, valores inmobiliarios, obras de arte, oro, acciones, etc.

ESTUDIO DE CASO

El caso que se desarrolla en este apartado es el del sistema de pensiones belgas, escogido por el parecido al esquema piramidal de Ponzi y por la actualidad del tema. Se invita al lector a preguntarse por el sistema actual y por sus derivados.

Contexto

Un régimen público de pensiones por reparto domina el sistema de pensiones de Bélgica. El belga cotiza durante toda su carrera profesional para ser correctamente remunerado una vez jubilado. Si el esquema piramidal de Ponzi se basa en el hecho de que el último que entra remunera los ingresos de los primeros que llegaron, nos preguntamos: ¿este sistema de pensiones no será en realidad una cadena de Ponzi? ¿Los últimos que entran cotizan para la generación de sus padres, que han cotizado para los suyos?

Explicación matemática

La explicación matemática del sistema de pensiones por reparto es simple si comprendemos que cada belga puede:

- renunciar a su dinero hoy, invertirlo y retirar una suma más elevada gracias a las tasas de interés que remunera la inversión;
- gastar su dinero hoy, dinero del que en realidad solamente dispondrá más tarde (ingresos mensuales, por ejemplo). Para poder gastar sumas futuras que todavía no se poseen, el individuo podrá pedir un préstamo y entonces pagar una tasa de interés a un banco, por ejemplo.

De este modo, cada uno podrá mover sus futuros ingresos hacia el presente o sus ingresos presentes hacia el futuro. Deducimos que el individuo no está obligado a equilibrar gastos (Gt) e ingresos (It), puesto que puede invertir su dinero como le parezca bien siempre que el valor actual de sus gastos presentes y futuros sea inferior o igual al valor actual de sus ingresos presentes y futuros. Se trata de la condición de solvencia del sistema a largo plazo.

Equilibrio de gastos e ingresos

$$\sum_{t=0}^{\infty} \frac{G_t}{(1+i)^t} \leq \sum_{t=0}^{\infty} \frac{I_t}{(1+i)^t}$$

Esta tensión presupuestaria es parecida al modelo de las pensiones belgas por reparto, en el sentido en que el valor actual del conjunto de las cotizaciones presentes y futuras (Ct) cubre el valor actual del conjunto de las pensiones presentes y futuras (Pt).

Tensión presupuestaria relativa a las pensiones

$$\sum_{t=0}^{\infty} \frac{P_t}{\left(1+i\right)^{t}} \leq \sum_{t=0}^{\infty} \frac{C_t}{\left(1+i\right)^{t}}$$

Como en el caso del individuo, autorizamos al sistema a estar en déficit o a constituir reservas de vez en cuando. Sin embargo, sin estas autorizaciones, el sistema no es financieramente estable. Llegamos entonces a un esquema de Ponzi que necesita aportaciones exteriores para sobrevivir.

Aspecto demográfico

La dimensión demográfica cuestiona el sistema actual en el sentido en que hay cada vez más personas jubiladas en una población activa cada vez más limitada. En 2012 en Bélgica, 3,84 personas activas, contra 7 en 1950, cotizan para un jubilado. Observamos que las cifras disminuyen y que la tendencia es poco susceptible a invertirse si no ocurre nada para contrarrestar esta falta. Se estima que en 2030 serán 2,68 personas activas por jubilado y que, de aquí a 2050, el número de activos disminuirá a 2,21 por jubilado.

Reflexión y conclusión

Aunque todavía no esté resuelta por el Estado, esta falta del sistema de las pensiones por reparto se parece claramente a la del esquema piramidal de Ponzi: a largo plazo, el sistema podría resultar problemático para las personas que han cotizado toda su vida, pero que no podrían beneficiarse de una suma adecuada para vivir una vez jubilados.

Puesto que la esperanza de vida aumenta rápidamente, el Estado propuso ampliar la edad de la jubilación para poder cotizar cada vez más tiempo para evitar la catástrofe que acecha: si hay más personas jubiladas que personas que coticen, nadie tendrá pensión.

Por otro lado, el Estado también puede concentrarse en otras misiones –la feminización del empleo y la prolongación de la esperanza de vida– para evitar encontrarse carente de liquidez.

LÍMITES DEL MODELO Y EXTENSIONES

LÍMITE, DEBILIDAD Y CRÍTICA DEL MODELO

Ya hemos visto que las faltas del esquema piramidal de Ponzi son numerosas.

- Este sistema solo se aprovecha de forma temporal y parcial, o hasta que se descubre la estratagema y se puede detener el fraude sin afectar a muchos inversores o hasta su caída total.
- Para que este tipo de esquema funcione, hay que poder contar con un clima de confianza entre el inversor y la sociedad de inversión. Además, esta farsa financiera se basará en un medio sencillo de hacer dinero, combinado con una gestión de riesgos pobre entre otras cosas. Si una de sus características falla en un momento o en otro –cosa que acabará por llegar–, el sistema se hunde.
- Más ampliamente, el establecimiento de un esquema piramidal como el de Ponzi, es posible con la condición de que las autoridades monetarias no detecten el fraude y, por ello, no lo castiguen, demostrando así cierta indulgencia o ceguera.

EXTENSIONES Y MODELOS CONEXOS

La burbuja inmobiliaria o crisis de los *subprimes*: el revés de la medalla del capitalismo

<u>¿SABÍAS QUE...?</u>

- <u>La burbuja inmobiliaria</u>: subida rápida del valor de los bienes inmobiliarios de un mercado debida a la especulación. El valor mercantil del inmobiliario desde entonces ya no corresponde a su valor intrínseco o real.
- <u>Liquidez</u>: capacidad de un activo financiero para venderse o comprarse en todo momento. La crisis de los *subprimes* ilustra el fenómeno de ausencia de liquidez: los préstamos inmobiliarios que se concluían día a día, que implicaban desplazamientos de fondos, se han vuelto, de repente, incambiables.
- <u>Hogares</u>: desde un punto de vista estadístico, el término «hogar» se corresponde con el conjunto de los ocupantes para un mismo alojamiento, sin que estén específicamente relacionados por vínculos de parentesco.
- <u>Solvencia</u>: capacidad de un organismo (público o privado) de enfrentarse a sus compromisos a corto, medio y largo plazo. Hablamos de insolvencia cuando la entidad debe más de lo que posee.
- <u>*Subprime*</u>: crédito con riesgo que posee un inversor que no presenta el perfil requerido (alta garantía, ingresos constantes, etc.) para beneficiarse o

disfrutar de la tasa de interés en vigor.

- Tasa de interés variable: tasa de interés cuya variación futura es desconocida. Según esta lógica, un crédito de tasa variable es un crédito cuya tasa de interés que pagar/futura todavía no se conoce.
- Titulización: innovación financiera que consiste en convertir en partes (obligaciones) los préstamos acordados por un banco o una sociedad de crédito, luego a revender el importe, y así el riesgo, a otros agentes financieros que pertenecen al mundo de los fondos de inversión. Esta técnica tiene la ventaja para el banco de sacar activos no líquidos de sus balances, lo que hace que sus fondos propios estén disponibles para otras operaciones. Así, el riesgo de fallo del prestatario pasa del banco al adquiriente del título.

El sistema que se parece más a un esquema piramidal o a una cadena de Ponzi es el de los *subprimes*.

En el origen de la crisis de 2008, seguramente es uno de los fraudes de la actualidad más mediatizados y criticados debido al laxismo y a la no intervención manifiesta de las autoridades monetarias y de los estados.

Poco o mal informados, sobre todo por la amplitud y rapidez con la que se sucedieron los acontecimientos, las familias no vieron llegar nada. Muchos lo perdieron todo, sin ni siquiera haber podido comprender el funcionamiento de semejante fraude financiero. La comprensión de esta crisis y de su parecido al esquema de Ponzi se basa en la explicación del contexto, de sus componentes y de sus riesgos diversos inherentes. El contexto –estadounidense al principio– se puede efectivamente comparar con el de Charles Ponzi en los años veinte:

- **bajada de la tasa de interés y confianza ciega de la población hacia las sociedades inmobiliarias.** La tasa de interés suele bajarse como consecuencia de un acontecimiento mayor que ha creado desequilibrios macroeconómicos, para reactivar la demanda. El acontecimiento en el origen de esta tasa de interés bajo: los atentados del 11 de septiembre de 2001. Se anima a la población a pedir préstamos para consumir o invertir a menos coste, sobre todo en el sector inmobiliario. Empresas de inversión proponen créditos con una garantía hipotecaria que «asegura» el reembolso del préstamo en caso de incumplimiento del deudor (que tiene el deber de reembolsar la deuda que ha contratado a un organismo), si este ya no es solvente. Además, este último podrá, a continuación, pedir otro préstamo puesto que las tasas son bajas. Sin embargo, es importante mencionar que las tasas de préstamo son variables y que el hogar que ha pedido un crédito podría encontrarse ante una tasa de interés más elevada de lo que puede permitirse pagar;
- **especulación sobre la evolución positiva de la cotización del inmobiliario.** En esta etapa, observamos las premisas de una cadena de Ponzi: la información en circulación no es transparente; los hogares no conocen el funcionamiento de la tasa de interés variable y no contemplan la posibilidad de no poder devolver el dinero. Además, los bancos y las sociedades de inversión les di-

cen que el valor inmobiliario no va a parar de crecer y que, en consecuencia, si no pueden pagar, podrán revender su casa a un precio superior del importe de su préstamo. Sin embargo, para que semejante sistema funcione, se necesitan tasas y una evaluación del negocio inmobiliario estables, pero no es el caso;

- **estallido de la burbuja inmobiliaria.** Las tasas comienzan a subir con la reactivación de la economía, los hogares no son capaces de pagar sus préstamos y el banco vende su casa para paliar las pérdidas. Sin embargo, las casas no se venderán ya que, como los tipos de interés de los préstamos son demasiado elevados para la mayor parte de la población, la demanda disminuye. Los precios del sector inmobiliario caen y los bancos se encuentran con activos que no valen nada. Las depreciaciones generan pérdidas financieras y la disminución progresiva de los fondos propios de los bancos engendra un clima de desconfianza en cuanto a la solvencia de éstos. Esta incertidumbre empuja a algunos clientes importantes a retirar sus fondos, lo que provoca rápidamente una crisis de liquidez;
- **multiplicación de las transferencias de riesgos o de las «titulizaciones» (efecto de cadena de préstamos).** De esta forma se crea un vasto mercado de crédito que, por definición, es también un mercado de riesgo. Y el hundimiento de este mercado es el que provocó precisamente la crisis de 2008: los créditos titulizados los habían comprado inversores (fondos de inversión clásicos, fondos más especulativos, etc.) antes de que los inversores, al darse cuenta de que alguna de estas «categorías» incluyen créditos amenazados por faltas o incumplimientos de pago de familias, se bajen del barco, que considerarían

entonces demasiado arriesgado. Paralelamente, otros factores participan en esta crisis con consecuencias mundiales;

- **mala gestión de los riesgos y del papel de la información.** Hoy en día, pocos son los actores que evolucionan en el mercado que analizan y dominan la gestión de un riesgo subyacente más complejo; la mayoría se fía de modelos sencillos y del precio de mercado y subestima las consecuencias de tal o tal toma de riesgo. En un contexto de globalización donde la mayoría de los agentes económicos evoluciona en el mismo sentido y se posiciona de la misma forma, el riesgo sistemático aumenta;

- **complejidad, concentración y falta de transparencia de los actores.** Esta homogeneidad de los agentes económicos ha tenido un efecto anestésico en cuanto a los riesgos que se propagaban. Sin embargo, esta concentración había disminuido anteriormente gracias al *Glass-steagall Act* que, en Estados Unidos después de la crisis de 1929, había definido claramente el papel y las funciones de los bancos de inversión y de ahorro para evitar una nueva crisis. Es uno de los puntos que relaciona las dos crisis;

- **carencia del sistema actual de reglamentación y de control.** Las instituciones de regulación y los bancos centrales no han sabido enfrentarse a los riesgos relacionados con los créditos y a la burbuja inmobiliaria. Esto no ha ayudado a los países ya endeudados como Estados Unidos. Tras un período en el que la tasa de interés era extremadamente baja y un acceso sencillo al crédito, la demanda para los activos inmobiliarios (residencias) aumentó enormemente hasta llegar a cimas con una tasa de endeudamiento de las familias y de las empresas no financieras que pasaron del 118 al 183% del PIB entre 1994 y 2007 o del 98 al 136% de 2000 a 2007 únicamente para las familias. Estados Unidos no fue el único país en participar en esta espiral: Europa y otras economías desarrolladas también sufrieron ratios desmedidos.

Este ejemplo revela una problemática interesante: mientras que un siglo separa los dos acontecimientos, ¿cómo es posible que, en un contexto modernizado y que se supone que protege los intereses de la población, sea posible un enriquecimiento fácil y rápido, no a escala de un particular (Charles Ponzi), sino a la de un sistema bancario? ¿Cuáles son las posibilidades para que este tipo de montaje fraudulento no se perpetúe de forma infinita y desmesurada? Estamos en derecho de preguntarnos si, de forma general, la crítica no se dirige simplemente a economías industrializadas (capitalismo). Según esta lógica, ¿son todas cadenas de Ponzi?

Ejemplos parecidos al de Ponzi

A continuación exponemos algunos ejemplos que han seguido el esquema de Ponzi:

- En Rusia en los años noventa, Sergeï Mavrodi y su hermano crean los fondos MMM, una verdadera cadena de Ponzi que hará perder hasta 10 mil millones de dólares invertidos por de 5 a 40 millones de particulares.
- En Albania, el hundimiento de los «bancos piramidales» de 1996-1997 provocó disturbios y miles de muertos.
- Bernard Madoff (financiero estadounidense, nacido en 1938), apodado «Bernie» creó lo que el mundo de las fi-

nanzas describió como la mayor estafa de todos los tiempos. Madoff lanzó su empresa de inversión con 22 años y utilizó su notoriedad en el sector de las finanzas para atraer a sus clientes, principalmente bancos y poseedores de grandes fortunas (personas de prestigio). En 2008, durante la crisis financiera, algunos clientes que querían retirar sus fondos, precipitan la caída del sistema piramidal. El fraude dura de 1960 a 2008, es decir 48 años, y se eleva a 47,5 mil millones de dólares. A Madoff, detenido en septiembre de 2008, le condenan a 150 años de cárcel. Después, en numerosas entrevistas, explica que nunca se había imaginado poder hacer perdurar el sistema tanto tiempo con tan pocas dificultades. Plantea también que cualquier inversor que quisiera no habría tenido ninguna dificultad en desenmascarar su «juego».

- Bernie Cornfeld, financiero y contable estadounidense, crea en 1962 *Investor Overseas Services*. Su fondo de inversión, que promete dividendos por encima de todas las esperanzas de los inversores, no solo afecta a América del Norte, sino también a Europa. El sistema se desploma en 1970, Cornfeld es detenido en 1973, encarcelado y finalmente absuelto en 1979.
- Recientemente, en 2011, también se ha acusado a una página web de póquer de usar el esquema piramidal de Ponzi. El dinero transferido por los nuevos jugadores servía para remunerar a los accionarios de la empresa.

Estos diversos ejemplos demuestran que el esquema piramidal de Ponzi es un modelo que se ha propagado a través de las épocas y del mundo, tanto en países en pleno descubrimiento del capitalismo como en los más industrializados;

todos han hecho perdurar este tipo de farsa financiera en el seno de su economía.

RESUMEN

1920	Charles Ponzi: 15 millones de dólares
1970	Bernie Cornfeld: 2,5 mil millones de dólares
1990	Sergeï Mavrodi: 10 mil millones de dólares
1996-1997	Bancos piramidales en Albania
2008	Bernard Madoff: 47,5 mil millones de dólares
2011	Página web de póquer

- La pirámide de Ponzi es una farsa fraudulenta que remunera a los primeros inversores mediante los fondos procurados por nuevas entradas de capital de los últimos depositantes.
- El nombre de este sistema piramidal proviene de Charles Ponzi, un italiano-americano que funda en 1920 su sociedad de inversión. Éste prometía rendimientos de las inversiones colosales a sus clientes, rendimientos que en realidad era el capital invertido por clientes recientemente embarcados en la estafa.
- Este esquema, que alcanza todas las economías y que no

se basa en ningún producto tangible o de valor, consigue introducirse en casi todos los continentes.

- Los componentes principales de Ponzi son la opacidad de la información, una débil gestión de los riesgos, clientes poco precavidos, un producto para especular, una confianza mutua entre inversor y sociedad de inversión.
- Un caso parecido y conocido por su estructura es el sistema de los *subprimes*, que hizo tambalear la economía, primero la norteamericana y luego la mundial, a principios del siglo XXI.
- El mayor de los fraudes de tipo «Ponzi» es el elaborado por Bernard Madoff: su pirámide infernal, que duró 48 años, se estima de cerca de 50 mil millones de dólares. Se derrumbó en la crisis financiera de 2008.
- Este modelo es difícilmente viable a largo plazo. A menudo, este se reduce a nada en un santiamén: desde que se descubre el fraude, la pérdida de la inversión es total. Hay que estar atento cuando se quiera invertir y ser consciente de que no existe ningún rendimiento elevado sin correr riesgos.

PARA IR MÁS ALLÁ

FUENTES BIBLIOGRÁFICAS

- Acrithène. 2012. "La retraite par répartition est un système de Ponzi, la preuve mathématique". *Contrepoints.* 21 de diciembre. Consultado el 7 de mayo de 2015. http://www.contrepoints.org/2012/12/21/108821-la-retraite-par-repartition-est-un-systeme-de-ponzi-la-preuve-mathematique
- du Bus De Warnaffe, Bruno. 2011-2012. *Économie et marchés financiers.* Bruselas: ICHEC.
- "Chaîne de Ponzi". *MemoFin.* Consultado el 7 de mayo de 2015. http://www.memofin.fr/glossary/terms/Cha%C3%AEne+de+Ponzi
- "Conséquences économiques du terrorisme". *Perspectives économiques de l'OCDE*, 2002. Consultado el 10 de mayo 2015. http://www.oecd.org/fr/economie/perspectives/1935306.pdf
- Cori, Nicolas. 2008. "La 'pyramide de Ponzi', une technique qui remonte aux Années Folles". *Libération.fr.* 15 de diciembre. Consultado el 7 de mayo de 2015. http://www.liberation.fr/economie/2008/12/15/la-pyramide-de-ponzi-une-technique-qui-remonte-aux-annees-folles_296242
- "Crise des subprimes et le mécanisme de crise". *Banque Crédit.* Consultado el 25 de noviembre de 2016. http://www.banque-credit.org/pages/crise-subprime.html
- de Keyzer, Peter. 2013. "La crise de la dette exige une approche globale". *Trends.*
- Fontan, Sylvain. 2014. "La 'réforme' des retraites

en France: arbitrage politique et non économique".
L'Économiste. 15 de mayo. Consultado el 7 de mayo de
2015. http://www.leconomiste.eu/decryptage-econo-
mie/114-la-reforme-des-retraites-en-france-arbitra-
ge-politique-et-non-economique.html

- Jacquillat, Bertrand y Vivien Levy-Garboua. 2011. *Les 100
mots de la crise financière*. París: Presses universitaires de
France.
- "La Russie ouvre une enquête sur une nouvelle pyramide
financière de Mavrodi". *L'Express*. 7 de junio de 2012.
Consultado el 12 de mayo 2015. http://lexpansion.
lexpress.fr/actualites/1/actualite-economique/la-russie-
ouvre-une-enquete-sur-une-nouvelle-pyramide-finan-
ciere-de-mavrodi_1123761.html
- Mnif, Yosra. 2001. *L'utilité du rapport d'audit*. Memoria de
verificación del Máster en Contabilidad, bajo la dirección
de Nabil Aloulou. Universidad de Sfax. Consultado
el 7 de mayo 2015. http://www.procomptable.com/
papier_recherche/mym.pdf
- "Qu'est-ce que c'est le système de Ponzi?". *Notaire
Martial Lavoie*. Consultado el 7 de mayo de 2015. http://
notairemartiallavoie.com/divers/systeme-de-ponzi.html
- Sacasa, Noël. 2008. "Pour éviter de nouvelles crises, les
priorités de la réforme réglementaire après le désastre".
Finance et Développement.
- Salin, Pascal. 2009. *La crise financière: causes, conséquences et solutions*. Lausana: Institut Constant de Rebecque.
- "Spéculation". *Alternatives économiques*. Enero de 2010.
Consultado el 7 de mayo de 2015. http://www.alternati-
ves-economiques.fr/Dictionnaire_fr_52__def1411.html

FUENTES COMPLEMENTARIAS

- Desanti, Dominique. 1968. *La Banquière des années folles: Marthe Hanau*. París: Fayard.
- Duprat, Romain. "Typologie des différentes catégories de fraude à caractère financier". *Pansard & Associés*. Consultado el 25 de noviembre de 2015. http://www.pansard-associes.com/index.php/publications-3/publications-articles/comptabilite-et-audit/34-controle-interne-et-fraude/105-typologie-des-differentes-categories-de-fraude-a-caractere-financier
- Jarvis, Chris. 1999. "The Rise and Fall of The Pyramid Schemes in Albania". *International Monetary Fund*. Consultado el 25 de noviembre de 2016. http://www.imf.org/external/pubs/ft/wp/1999/wp9998.pdf
- Kaul, Vivek. 2014. *Easy Money: Evolution of the Global Financial System to the Great Bubble Burst*. Thousand Oaks (California): Sage Publications.

ADAPTACIÓN CINEMATOGRÁFICA

- *La Banquière*. Dirigida por Francis Girod, con Romy Schneider. Francia: 1980.
  Película basada en el célebre caso de Marthe Hanau, apodada "la banquera de los años locos".

¡APRENDER NUNCA ANTES FUE TAN RÁPIDO!

www.en50minutos.es